Rahel Bürgin, Urs Egger, Michael Lombardi

Merkbüchlein English Basics

Englisch

Basiswissen der Primarschule
Grundlagen der Oberstufe

D1694110

zke — zürcher kantonale
mittelstufenkonferenz
verlagzkm.ch

Dieses Lehrmittel ist klimaneutral.
myclimate hat berechnet, wie viele klimawirksame Emissionen bei der Herstellung angefallen sind. Für diesen Ausstoss an Treibhausgasen wurden Reduktionen aus den myclimate-Klimaschutzprojekten gekauft. So wird dieselbe Menge an klimawirksamen Emissionen aus der Produktion des Lehrmittels wieder eingespart.

Inhalt gedruckt auf Cyclus Print,
hergestellt aus 100% entfärbtem Altpapier.

Umschlag gedruckt auf Serviliner GD2, FSC Mix,
Recyclekarton, einseitig gedeckt und gestrichen.

2. Auflage 2011
© 2009 by Verlag ZKM
Verlag der Zürcher Kantonalen Mittelstufenkonferenz
Frauenfelderstrasse 21a, 8404 Winterthur
www.verlagzkm.ch

ISBN 978-3-03794-145-4

Konzept und Produktion
lüthi electronic ag p u b l i s h i n g 8404 Winterthur
www.luethidesign.ch

Grafische Gestaltung
Simone Strupler, 8400 Winterthur, www.schaerdesign.ch

Alle Rechte vorbehalten.

Inhaltsverzeichnis ENGLISCH

Autorenvorstellung	5
Dank des Verlages	6
Zum Gebrauch	7

Klassenzimmersprache/classroom language	**8**

Verben/verbs	**10**
Präsens/present simple	10
Verneinung/negation	13
Präsens (-ing-Form)/present continuous	15
Präteritum/past simple	16
Futur/future	20

Nomen/nouns	**22**
Artikel/article	23
Einzahl – Mehrzahl/singular – plural	24
Unregelmässige Pluralformen/irregular plural forms	25

Adjektive/adjectives	**26**
Vergleichsformen/comparisons	27
Unregelmässige Vergleichsformen/irregular forms	28
Adverbien/adverbs	29

Satzstruktur/sentence structure	**30**
Einfache Sätze/regular (positive) sentences	30
Erweiterte Sätze/compound sentences	31
Verneinende Sätze/negative sentences	32
Fragen/questions	33
Fragewörter/question words	35
Antworten/answers	36
Befehle, Aufforderungen/orders	37

Pronomen/pronouns	**38**
Personalpronomen/personal pronouns	38
Possessivpronomen/possessive pronouns	40
Demonstrativpronomen/demonstratives	41
Reflexivpronomen/reflexive pronouns	42
Präpositionen/prepositions	**43**
Lage und Richtung/location and direction	43
Zeit/time	45
Häufige Präpositionen/common prepositions	46
Zahlen/numbers	**48**
Kardinalzahlen/cardinal numbers	48
Ordinalzahlen/ordinal numbers	50
Brüche/fractions	50
Zeit, Datum / time, date	**51**
Uhrzeit/time	51
Tageszeiten/time of day	52
Wochentage/days of the week	53
Monate, Jahreszeiten/months, seasons	53
Datum/date	54
Mengenangaben/quantities	**55**
some, any, every, no	**56**
Ausserdem gut zu wissen/nice to know too	**58**
Schlagwortverzeichnis	**59**
Catchword index	**62**

Autoren

Uns ist im Englischunterricht auf der Mittelstufe aufgefallen, dass Kinder daran interessiert sind, Strukturen von Fremdsprachen zu erkennen, bzw. dass sie diese gerne mit jenen ihrer Muttersprache vergleichen. Das Merkbüchlein soll den Schülerinnen und Schülern eine willkommene Unterstützung sein.

Rahel Bürgin wurde im Zürcher Oberland geboren. Im Sommer 2006 schloss sie ihr Studium an der Pädagogischen Hochschule Zürich ab. Seither unterrichtet sie auf der Mittelstufe.

Urs Egger, in Zürich geboren und aufgewachsen, unterrichtet seit 2004 an einer Stadtzürcher Primarschule auf der Mittelstufe. Er absolvierte an der Pädagogischen Hochschule Zürich den praxisbegleiteten Studiengang Primarstufe (praP). Zuvor arbeitete er als Filmemacher und Fernsehredaktor.

Michael Lombardi, in Zürich geboren, absolvierte die Pädagogische Hochschule Zürich und schloss diese im Sommer 2004 ab. Er arbeitete anschliessend während eineinhalb Jahren als Vikar. Seit dreieinhalb Jahren arbeitet er als Mittelstufenlehrer.

Dank des Verlages

Nachdem das «Merkbüchlein» zu einem so grossen Erfolg geworden ist, freut sich der Verlag ZKM umso mehr, mit dem Merkbüchlein Englisch eine Ergänzung dazu herausgeben zu dürfen.

Der Verlag möchte sich ganz herzlich bei der Autorin und den Autoren bedanken. Just im richtigen Moment gelangten sie mit ihrer Idee an uns und schafften es, ihr Manuskript in kürzester Zeit mit grosser Genauigkeit und Effizienz fertigzustellen.

Ein grosses Dankeschön gilt auch der «Praktikerin» Regula Moser und der Fachdidaktikerin Yvonne Kesseli für ihre kompetente Beratung bei der Entstehung des Werks.

Wir hoffen, dass dieses übersichtliche Regelwerk der Lehrerschaft ihren Arbeitsalltag erleichtern kann.

Monica Mutter Wiesli
Verlag ZKM

Zum Gebrauch

Lieber Schüler
Liebe Schülerin

Diese Situationen kennst du: Du sitzt an einer Arbeit, zum Beispiel an einer Prüfungsvorbereitung, und erinnerst dich zwar, dass der Stoff, um den es gerade geht, im Unterricht behandelt wurde, dir gewisse Einzelheiten aber nicht mehr ganz klar sind. Möglich ist auch, dass du immer wieder über die gleichen Fehler stolperst und jetzt endlich einmal wissen möchtest, wie es wirklich geht.

Dabei hilft dir dieses MERKBÜCHLEIN ENGLISCH weiter; mit ihm gelingt es dir, selbstständig – ohne die Mithilfe von Lehrpersonen oder Eltern – Antworten auf deine Fragen zu finden.
Dieses *Merkbüchlein* bietet dir einen guten Überblick über die Grammatikthemen der Mittelstufe. Du findest mit dem Inhaltsverzeichnis oder den Schlagwortverzeichnissen schnell, was du nachschlagen willst.
Das MERKBÜCHLEIN ENGLISCH soll dich darin unterstützen, dich zu orientieren, Inhalte zu vertiefen, und es soll dazu beitragen, dass du dich in Englisch noch sicherer fühlst.
Es macht Spass, zu verstehen, was dir jemand in einer Fremdsprache sagt oder schreibt, und es ist auch bereichernd, sich in dieser ausdrücken zu können.

Wir wünschen dir viel Freude und Erfolg beim Entdecken der englischen Sprache!

Rahel Bürgin, Urs Egger, Michael Lombardi

Klassenzimmersprache/classroom language

Stand up/sit down, please.	*Steh(t) auf/setz(t) dich/euch, bitte.*
Quiet please.	*Ruhe bitte.*
Pay attention, please!	*Passt bitte auf!*
Listen and repeat after me.	*Hör(t) zu und wiederholt.*
How are you?	*Wie geht es dir/euch?*
It's time for a break.	*Es ist Zeit für eine Pause.*
You can go outside.	*Ihr könnt hinausgehen.*
Could you please open the window?	*Würdest du bitte das Fenster öffnen?*
Could you please turn on/off the lights?	*Würdest du bitte das Licht einschalten/löschen?*
Could you please collect the books?	*Würdest du bitte die Bücher einsammeln?*
You will hear it once more.	*Ihr werdet es noch einmal hören.*
Did you understand the question?	*Hast du/ihr die Frage verstanden?*

Can you give me the correct answer?	*Kannst du/könnt ihr mir die richtige Antwort geben?*
You can work in pairs/groups.	*Ihr könnt zu zweit / in Gruppen arbeiten.*
Check your answers with your neighbour.	*Kontrolliert eure Antworten mit eurem Nachbarn.*
Come and sit in the circle.	*Komm(t) und sitz(t) in den Kreis.*
Go back to your seats.	*Geht zurück an eure Plätze.*
What does … mean?	*Was heisst …?*
May I go to the toilet?	*Darf ich auf die Toilette gehen?*
I didn't understand it.	*Ich habe es nicht verstanden.*
Could you repeat it, please?	*Kannst du / könnten Sie es bitte wiederholen?*

Präsens/present simple

VERBEN/VERBS

Die Konjugation der regelmässigen Verben im Englischen ist viel einfacher als im Deutschen.

> Bei den allermeisten Verben schreibst du im Präsens alle Verbformen gleich wie die Grundform.

> Bei der 3. Person Singular fügst du **-s** oder **-es** als Endung an.

to read/*lesen*		to go/*gehen*	
I	read	I	go
you	read	you	go
he, she, it	read**s**	he, she, it	go**es**
we	read	we	go
you	read	you	go
they	read	they	go

Präsens: Endung auf -y

> Wenn ein Vokal vor dem y steht, gilt die normale Regel: einfach -s anhängen.

> Wenn ein Konsonant vor dem y steht, schreibst du statt **y** ein **ie** und fügst dann ein **-s** hinzu.

	to play / *spielen*		to cry / *weinen*
I	play	I	cry
you	play	you	cry
he, she, it	play**s**	he, she, it	cr**ies**
we	play	we	cry
you	play	you	cry
they	play	they	cry

Unregelmässige Verben to be/to have

to be/*sein*		to have/*haben*	
I	**am**	I	**have**
you	**are**	you	**have**
he, she, it	**is**	he, she, it	**has**
we	**are**	we	**have**
you	**are**	you	**have**
they	**are**	they	**have**

> Beim Verb **to be** werden die Formen **am, are, is** meistens zu einer Kurzform zusammengezogen.

Kurzform von to be

I**'m**	we**'re**
you**'re**	you**'re**
it**'s**, he**'s**, she**'s**	they**'re**

to have/to have got

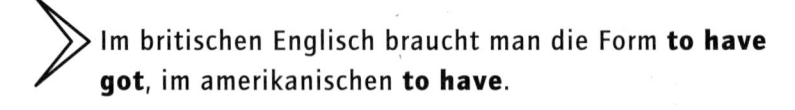

> Im britischen Englisch braucht man die Form **to have got**, im amerikanischen **to have**.

Beispiele   I **have** a bicycle./*Ich habe ein Fahrrad.*
             I **have got** a bicycle./*Ich habe ein Fahrrad.*

Verneinung/negation

VERBEN/VERBS

> Um die Verneinung eines Verbs zu bilden, brauchst du bei den allermeisten Verben eine konjugierte Form von **to do** als Hilfsverb.

Man kann also nicht sagen «~~He walks not~~», sondern es heisst «He doesn't (does not) walk».

> Kurzformen/contracted forms

Do not   →   don't
Does not →   doesn't

(Das **o** von **not** wird durch einen Apostroph [Auslassungszeichen] ersetzt.)

Beispiele *Ich kaufe kein neues Auto.*
I **don't** buy a new car.

Sie geht nicht nach Hause.
She **doesn't** go home.

Wir mögen keinen Spinat.
We **don't** like spinach.

> Wenn folgende Verben vorkommen, brauchst du kein **to do** für die Verneinung.
> to be, can, could, would, should

Kurzformen/contracted forms

do not	→	don't
(am not)	→	**keine Kurzform!**
are not	→	aren't
is not	→	isn't
can not	→	can't/cannot
could not	→	couldn't
would not	→	wouldn't
should not	→	shouldn't

Beispiele *Er kann nicht schwimmen.*
He **can't** swim.

Sie sind nicht freundlich.
They **aren't** nice.

Ich sollte nicht zu spät sein.
I **shouldn't** be late.

Präsens (-ing-Form)/present continuous VERBEN/VERBS

Du verwendest bei den Verben die -ing-Form, um zu beschreiben, was jetzt gerade geschieht oder was jemand gerade in diesem Moment tut.

> Um das present continuous zu bilden, nimmst du die richtige Form des Verbs to be (am/is/are) und hängst **-ing** an die Grundform des betreffenden Verbs an.

Beispiele I sing → I **am** sing**ing** oder I**'m** sing**ing**
she brings → she **is** bring**ing** oder she**'s** bring**ing**
they work → they **are** work**ing** oder they**'re** work**ing**

> Wenn ein Verb in der Grundform auf **-e** endet, lässt du vor dem Anhängen von **-ing** das **-e** weg.

Beispiele write → writ**ing**
come → com**ing**
wipe → wip**ing**

> Ein einzelner Konsonant am Wortende wird vor dem Anhängen von **-ing** in vielen Fällen verdoppelt.

Beispiele si**t** → si**tting**
begi**n** → begi**nning**
cla**p** → cla**pping**

Präteritum/past simple — VERBEN/VERBS

> Das Präteritum bildest du in der Regel durch Anhängen von **-ed** oder **-d** an die Grundform des Verbs.
> Im Präteritum gibt es nur eine Verbform für alle Personen (Ausnahme: to be).

Beispiele
- walk → walk**ed**
- like → lik**ed**
- work → work**ed**

Ich lief durch den Wald.
I walk**ed** through the forest.

Er mochte Spaghetti.
He lik**ed** spaghetti.

Sie arbeiteten in der Küche.
They work**ed** in the kitchen.

> Ein einzelner Konsonant (Mitlaut) am Wortende wird vor dem Anhängen von **-ed** in vielen Fällen verdoppelt.

Beispiele
- clap → cla**pp**ed
- travel → trave**ll**ed
- drop → dro**pp**ed

Unregelmässiges Verb: to be

I	**was**
you	**were**
he, she, it	**was**
we	**were**
you	**were**
they	**were**

Weitere unregelmässige Verben siehe folgende Tabelle.

Unregelmässige Verben/irregular verbs

Präsens	*Präteritum*	*Partizip Perfekt*	*Deutsch*
present	past	past participle	German
begin	began	begun	*beginnen, anfangen*
breake	broke	broken	*brechen, zerbrechen*
bring	brought	brought	*bringen, mitbringen*
build	built	built	*bauen*
buy	bought	bought	*kaufen*
can	could	– (been able to)	*können*
catch	caught	caught	*fangen, erwischen*
choose	chose	chosen	*(aus)wählen, aussuchen*
come	came	come	*kommen*
cut	cut	cut	*schneiden*
do	did	done	*tun, machen*
draw	drew	drawn	*zeichnen*
drink	drank	drunk	*trinken*

drive	drove	driven	*fahren, antreiben*
eat	ate	eaten	*essen*
fall	fell	fallen	*fallen*
feel	felt	felt	*(sich) (an)fühlen*
fight	fought	fought	*kämpfen*
fly	flew	flown	*fliegen*
forget	forgot	forgotten	*vergessen*
get	got	got/gotten	*bekommen, werden, holen*
give	gave	given	*geben*
go	went	gone	*gehen*
have	had	had	*haben*
hear	heard	heard	*hören*
keep	kept	kept	*behalten*
know	knew	known	*kennen, wissen*
leave	left	left	*verlassen*
let	let	let	*lassen*
lose	lost	lost	*verlieren*
make	made	made	*machen, herstellen*
mean	meant	meant	*bedeuten, meinen*
meet	met	met	*treffen, begegnen, kennen lernen*
pay	paid	paid	*bezahlen*
put	put	put	*stellen, legen, setzen*
read	read	read	*lesen*
ride	rode	ridden	*reiten (Rad, Bus, Bahn fahren)*
ring	rang	rung	*klingeln, läuten*

run	ran	run	*rennen, laufen*
say	said	said	*sagen*
see	saw	seen	*sehen*
shoot	shot	shot	*schiessen*
sing	sang	sung	*singen*
sit	sat	sat	*sitzen*
sleep	slept	slept	*schlafen*
speak	spoke	spoken	*sprechen*
spend	spent	spent	*(Geld) ausgeben, (Zeit) verbringen*
stand	stood	stood	*stehen*
swim	swam	swum	*schwimmen*
take	took	taken	*nehmen, hinbringen*
teach	taught	taught	*lehren, unterrichten*
tell	told	told	*erzählen, sagen*
think	thought	thought	*denken, glauben*
throw	threw	thrown	*werfen*
understand	understood	understood	*verstehen*
wear	wore	worn	*(Kleidungsstück) tragen*
win	won	won	*gewinnen*
write	wrote	written	*schreiben*

Futur/future

> Um das Futur zu bilden, verwendest du **will** und die Grundform des Verbs.

Diese Form wird verwendet, wenn du eine allgemeine Vorhersage machen willst.

Beispiele
Frau Beispiel wird ein Haus kaufen.
Mrs Example **will** buy a house.

Wir werden später nach Las Vegas fliegen.
We **will** fly to Las Vegas later.

Ihr werdet den Text abschreiben.
You **will** copy the text.

> Die verneinende Form des Futurs bildest du mit **won't** und der Grundform des Verbs.

Beispiele
Frau Beispiel wird kein Haus kaufen.
Mrs Example **won't** buy a house.

Wir werden nicht nach Las Vegas fliegen.
We **won't** fly to Las Vegas.

Ihr werdet den Text nicht abschreiben.
You **won't** copy the text.

Going to

> Du kannst das Futur auch anders bilden.
> Dazu verwendest du to be (am/is/are), fügst **going to** hinzu und danach die Grundform des Verbs.

Diese Form wird verwendet, wenn du eine Absicht oder einen Plan äussern willst.

Beispiele   we sit → we **are going to sit**

Michelle wird bald eine Balletttänzerin sein.
Michelle **is going to be** a ballet dancer soon.

Wir werden unsere Hausaufgaben nach dem Abendessen machen.
We **are going to do** our homework after dinner.

Ich werde nachher draussen spielen.
I**'m going to play** outside afterwards.

Nomen/nouns

> Im Englischen werden (fast) alle Nomen klein geschrieben. Ausnahmen bilden die (Eigen-)Namen und die Wörter, die am Anfang des Satzes stehen, sowie das Personalpronomen **I** (ich).

Beispiele *Das Haus ist gross.*
           The **house** is big.

           Sie liebt John.
           She loves **John**.

           Ich bin 10 Jahre alt.
           I am 10 years old.

> Ebenfalls gross schreibst du Eigennamen (proper names), geografische Namen, Nationalitäten oder Namensbezeichnungen und Wochentage/Monate.

Beispiele *Ich bin aus der Schweiz.*
           I am from **Switzerland**.

           Er ist Italiener.
           He is **Italian**.

           Ich spreche Deutsch und Englisch.
           I speak **German** and **English**.

Artikel/article   NOMEN/NOUNS

> In der deutschen Sprache zeigt der Artikel das grammatikalische Geschlecht des Nomens (in der Einzahl) an (männlich, weiblich, sächlich).
> Im Englischen ist das nicht der Fall. Die Artikel heissen immer **the**, **a** und **an**.

Bestimmter Artikel/definite article

> Im Englischen gibt es nur einen bestimmten Artikel, nämlich **the**.

Beispiele   *der Fisch, die Zahnbürste, das Bett*
            the fish, **the** toothbrush, **the** bed

Unbestimmter Artikel/indefinite article

> Im Englischen gibt es nur einen unbestimmten Artikel: **a/an**. Beginnt das Nomen (oder das Adjektiv vor dem Nomen) mit einem Konsonanten (Mitlaut), setzt du **a**. Beginnt das Nomen (oder Adjektiv) mit einem Vokal (Selbstlaut), setzt du **an**.

Beispiele   *ein Elefant, eine Blume, ein Haus*
            an elephant, **a** flower, **a** house

            Sie hat ein Fahrrad. Ich esse eine Orange.
            She has **a** bicycle. I eat **an** orange.

Einzahl – Mehrzahl / singular – plural   NOMEN/NOUNS

> Die regelmässige Pluralform erhältst du, indem du die Singularform mit **-s** ergänzt.

Beispiele
the car *(das Auto)* → the car**s** *(die Autos)*
a book *(ein Buch)* → book**s** *(Bücher)*
a cat *(eine Katze)* → cat**s** *(Katzen)*

> **-es** anstatt nur **-s** wird dann verwendet, wenn es notwendig ist, damit du das Wort gut aussprechen kannst. Dies ist bei Wörtern der Fall, die im Singular mit einem Zischlaut (**s, x, ch, sh**) enden.

Beispiele
the box *(die Kiste)* → the box**es** *(die Kisten)*
the bush *(der Busch)* → the bus**hes** *(die Büsche)*
the flash *(der Blitz)* → the flas**hes** *(die Blitze)*

> Endet das Nomen im Singular auf **-y**, ist für die korrekte Pluralform entscheidend, ob vor dem y ein **Vokal** (Selbstlaut) oder ein **Konsonant** (Mitlaut) steht.
> Vokal vor **y**: normale Regel; einfach **-s** anhängen.
> Konsonant vor **y**: Das **-y** wird zu **-ie** und ein **-s** wird angehängt.

Beispiele
the boy *(der Knabe)* → the boy**s** *(die Knaben)*
the city *(die Stadt)* → the cit**ies** *(die Städte)*
the fly *(die Fliege)* → the fl**ies** *(die Fliegen)*

Unregelmässige Pluralformen/irregular plural forms

> In der englischen Sprache gibt es eine Vielzahl von unregelmässigen Pluralformen. Regeln lassen sich schwer festlegen.
> Du musst dir folglich die einzelnen Formen einprägen.

Einzahl/singular		Mehrzahl/plural	
the hero	*der Held*	the heroes	*die Helden*
the tomato	*die Tomate*	the tomatoes	*die Tomaten*
the potato	*die Kartoffel*	the potatoes	*die Kartoffeln*
the life	*das Leben*	the lives	*die Leben*
the knife	*das Messer*	the knives	*die Messer*
the leaf	*das Blatt*	the leaves	*die Blätter*
the tooth	*der Zahn*	the teeth	*die Zähne*
the foot	*der Fuss*	the feet	*die Füsse*
the man	*der Mann*	the men	*die Männer*
the woman	*die Frau*	the women	*die Frauen*
the sheep	*das Schaf*	the sheep	*die Schafe*
the mouse	*die Maus*	the mice	*die Mäuse*
the child	*das Kind*	the children	*die Kinder*

> Gegenstände, die aus zwei verbundenen Teilen bestehen, kommen im Englischen nur im Plural vor.

Beispiele	(a pair of)	trousers	*Hose, Hosen*
		scissors	*Schere, Scheren*
		glasses	*Brille, Brillen*

Adjektive/adjectives

> Ein **Adjektiv** bestimmt eine Person oder eine Sache näher. Es bezieht sich auf ein **Nomen** oder auf ein **Pronomen**.

Beispiele
Der alte Zug ist langsam.
The **old train** is slow.

Sie ist glücklich.
She is happy.

Das Haus ist hoch.
The **house** is high.

Position des Adjektivs im Satz:

> Das Adjektiv wird wie im Deutschen meist vor dem Nomen oder am Ende des Satzes verwendet.

Beispiele	*Er ist ein netter Lehrer.*	oder	*Der Lehrer ist nett.*
	He is a **nice** teacher.	oder	The teacher is **nice**.
	Es ist schlechtes Wetter.	oder	*Das Wetter ist schlecht.*
	It's **bad** weather.	oder	The weather is **bad**.
	Sie sind lustige Clowns.	oder	*Die Clowns sind lustig.*
	They are **funny** clowns.	oder	The clowns are **funny**.

Vergleichsformen/comparisons   ADJEKTIVE/ADJECTIVES

> Wie im Deutschen kannst du auch im Englischen die Adjektive steigern.
> Bei der Höherstufe (Komparativ) hängst du die Endung **-er** an, bei der Höchststufe (Superlativ) die Endung **-est**.

old	*alt*	old**er**	*älter*	old**est**	*am ältesten*
small	*klein*	small**er**	*kleiner*	small**est**	*am kleinsten*
nice	*nett*	nic**er**	*netter*	nic**est**	*am nettesten*

> Zwei und mehrsilbige Adjektive werden meist mit **more/(the) most** gesteigert.

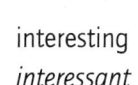

interesting	**more** interesting	**(the) most** interesting
interessant	*interessanter*	*am interessantesten*

> Bei Adjektiven, die auf **-y** enden, wird das **y** zu einem **i**.

heavy	heav**i**er	heav**i**est
schwer	*schwerer*	*am schwersten*
angry	angr**i**er	angr**i**est
wütend	*wütender*	*am wütendsten*
happy	happ**i**er	happ**i**est
glücklich	*glücklicher*	*am glücklichsten*

Vergleichsformen/comparisons ADJEKTIVE/ADJECTIVES

> Ein einzelner Konsonant am Wortende wird beim Anhängen von **-er** und **-est** verdoppelt.

big	bigg**er**	bigg**est**
gross	*grösser*	*am grössten*
fat	fatt**er**	fatt**est**
fett	*fetter*	*am fettesten*
thin	thinn**er**	thinn**est**
dünn	*dünner*	*am dünnsten*

Unregelmässige Vergleichsformen/irregular forms

> Die wichtigen Adjektive **good** (gut) und **bad** (schlecht) haben unregelmässige Vergleichsformen. Präge dir diese zwei Formen gut ein.

good	**better**	(the) **best**
gut	*besser*	*am besten*
bad	**worse**	(the) **worst**
schlecht	*schlechter*	*am schlechtesten*

Adverbien/adverbs ADJEKTIVE/ADJECTIVES

> Ein **Adverb** bezieht sich, anders als das Adjektiv, auf ein Verb, auf ein Adjektiv oder auf einen ganzen Satz. In diesem Fall hängst du in den meisten Fällen **-ly** ans Adjektiv.

Beispiel   *Bitte laufe **langsam**.*
Please **walk** slow**ly**.

*Ich bin **wirklich** müde.*
I'm rea**lly** tired.

***Glücklicherweise** habe ich heute keine Hausaufgaben.*
Lucki**ly**, I have no homework today.

Geläufige Adverbien/familiar adverbs

always	*immer*
never	*nie*
sometimes	*manchmal*
today	*heute*
yesterday	*gestern*
tomorrow	*morgen*
really	*wirklich*
here	*hier*
there	*dort*

Einfache Sätze/ regular (positive) sentences

SATZSTRUKTUR/SENTENCE STRUCTURE

Einfache Sätze (= Aussagesätze) werden genau wie im Deutschen fast immer gleich gebaut.

> **Die Grundsatzstellung im Englischen ist:**
> **SUBJEKT (S) - VERB (V) - OBJEKT (O)**

Beispiele	*Tim*	*spricht*	*Englisch.*
	↓	↓	↓
	Tim	speaks	English.
	Ich	*gehe*	*zur Schule.*
	↓	↓	↓
	I	go	to school.
	Wir	*mögen*	*Pizza.*
	↓	↓	↓
	We	like	pizza.
	Subjekt (Wer)	Verb (macht)	Objekt (was?)

Im Englischen kannst du diese Reihenfolge immer einhalten.

Erweiterte Sätze/ compound sentences

SATZSTRUKTUR/SENTENCE STRUCTURE

Einfache Sätze können mit einer Orts- und/oder einer Zeitangabe am Anfang oder am Schluss des Satzes erweitert werden.
Im Deutschen kann die Stellung des Ortes und der Zeit unterschiedlich sein.

> **Die Grundsatzstellung im Englischen ist:**
> **SUBJEKT (S) – VERB (V) – OBJEKT (O) – ORT – ZEIT**

Beispiele

Ich	*helfe*	*meiner*	*Mutter*	*jeden Tag*	*im Garten.*
I	help	my	mother	in the garden	everyday.

Jeden Nachmittag	*spielt*	*Erica*	*draussen Tennis.*	
Erica	plays	tennis	outside	every afternoon.
↓	↓	↓	↓	↓
Subjekt	Verb	Objekt	Ort	Zeit
(Wer)	(macht)	(was)	(wo)	(wann?)

Verneinende Sätze/ negative sentences   SATZSTRUKTUR/SENTENCE STRUCTURE

Auch wenn du ein Verb verneinst, behältst du die Reihenfolge S - V - O bei.

> Im Englischen verwendest du zur Verneinung oft **to do** als Hilfsverb (siehe auch Verneinung, S. 13).

Beispiele

Ich   gehe nicht   in den Zoo.
↓   ↓
I   don't go   to the zoo.

Die Frau kauft die Schuhe nicht.
↓
The woman   doesn't buy   the shoes.

Fragen/questions   SATZSTRUKTUR/SENTENCE STRUCTURE

> Bei Fragen verwendest du das Hilfsverb **to do** (wie bei der Verneinung), ausser bei Fragen mit **to be** (sein). Anschliessend gilt die Grundsatzstellung S – V – O.

Beispiele *Gehst du in die Schule?*
Do you **go** to school?

Geht er in den Zoo?
Does he **go** to the zoo?

Mögt ihr Musik?
Do you **like** music?

> Wenn deine Frage **to be** (sein) enthält, fällt **to do** weg. Du beginnst dann entweder mit der konjugierten Form von **to be** oder einem Fragewort.

Beispiele *Ist das Buch auf dem Tisch?*
Is the book on the table?

Wo ist das Buch?
Where is the book?

Sind sie schon hier?
Are they here yet?

Fragen/questions SATZSTRUKTUR/SENTENCE STRUCTURE

> Höfliche Fragen können genau wie im Deutschen auch mit **can you/could you** oder **would you** beginnen.

> Wenn im Satz die Hilfsverben **can, could, would, ...** vorkommen, verwendest du diese anstelle von to do.

I can	*ich kann*
I could	*ich könnte*
I would	*ich würde*
I should	*ich sollte*
I must	*ich muss*
I have to	*ich muss*
I will	*ich werde*

Beispiele

Könntest du mir bitte helfen?
Could you help me, please?

Würdest du bitte das Fenster schliessen?
Would you close the window, please?

Kannst du Klavier spielen?
Can you play the piano?

Fragewörter/ question words

SATZSTRUKTUR/SENTENCE STRUCTURE

Im Englischen gibt es ebenso wie im Deutschen Fragewörter.

> Die Fragewörter werden genau gleich wie im Deutschen am Anfang der Frage verwendet.

who	*wer*
what	*was*
how	*wie*
where	*wo*
when	*wann*
why	*warum*
which	*welcher/welche/welches*
whose	*wessen*

Beispiele *Wer bist du?*
Who are you?

Welches ist dein Pullover?
Which is your pullover?

Wie alt bist du?
How old are you?

Antworten/answers   Satzstruktur/sentence structure

> Wenn du auf eine Frage mit «Ja» oder «Nein» antworten kannst, verwendest du das Hilfsverb des Fragesatzes auch in der Antwort.

Beispiele   **Do** you like ice hockey?
Yes, I **do**.   *oder*   No, I **don't**.

Are you good at maths?
Yes, I **am**.   *oder*   No, I'**m not**.

Can you sing?
Yes, we **can**.   *oder*   No, we **can't**.

> Wenn du auf eine Frage **nicht** mit «Ja» oder «Nein» antworten kannst, verwendest du in der Antwort das Verb des Fragesatzes.

Beispiele   Where do you **live?**
I **live** in Zurich.

What colour do you **like?**
I **like** blue.

Where did you **go?**
I **went** to Bern.

Befehle, Aufforderungen/ SATZSTRUKTUR/SENTENCE STRUCTURE
orders

> Um jemandem einen Befehl/eine Aufforderung zu erteilen, lässt du **you** einfach weg und beginnst den Satz mit dem Verb.

Beispiele
Kauf Äpfel!
Buy apples!

Geh nach Hause!
Go home!

Sei vorsichtig!
Be careful!

Personalpronomen/personal pronouns PRONOMEN/PRONOUNS

> Das Englische kennt genau wie das Deutsche Wörter, die für eine Person oder eine Sache stehen. Sie beantworten die Frage «Wer?». Achtung: Die 1. Person Singular **I** (ich) wird **immer** grossgeschrieben!

I	*ich*
you	*du*
he/she/it	*er/sie/es*
we	*wir*
you	*ihr*
they	*sie*

Beispiele

Ich mag Pizza.
I like pizza.

Du kannst gut zeichnen.
You can draw well.

Er ist glücklich.
He is happy.

Ihr könnt nach Hause gehen.
You can go home.

Diese Pronomen beantworten die Frage «Wen?», «Wem?» oder «Was?»:

me	*mich/mir*
you	*dich/dir*
him/her/it	*ihm/ihn/sie/es*
us	*uns*
you	*euch/Sie/Ihnen*
them	*sie/ihnen*

Beispiele	*Ich mag **sie**.*	*Ich schreibe **ihr** eine Karte.*
	I like **her**.	I write **her** a postcard.
	*Du magst **uns**.*	*Ich schreibe **ihnen** eine Karte.*
	You like **us**.	I write **them** a postcard.

> Für Tiere und Gegenstände wird grundsätzlich **it** (es) verwendet, ausser du kennst das Geschlecht des Tieres.

Beispiele *Der Hund beisst. **Er** beisst.*
The dog bites. **It** bites.

*Der Rüde beisst. **Er** beisst.*
The dog bites. **He** bites.

*Die Katze frisst. **Sie** frisst.*
The cat eats. **She** eats.

> Wenn du im Deutschen «man» (im Sinne von: alle Leute) verwendest, benutzt du im Englischen **you**.

Beispiele ***Man** kann hier nicht schwimmen.*
You can't swim here.

***Man** kann im Zoo Tiere sehen.*	***Man** muss lernen.*
You can see animals in the zoo.	**You** must learn.

Possessivpronomen/possessive pronouns PRONOMEN/PRONOUNS

> Um zu zeigen, wem etwas gehört, benutzt du Possessivpronomen (to possess = besitzen). Sie zeigen den Besitzer an.

my	*mein*	mine	*meines*
your	*dein*	yours	*deines*
his/her/its	*sein/ihr/sein*	his/hers/its	*seines/ihres/seines*
our	*unser*	ours	*unseres*
your	*euer/Ihr*	yours	*eures/Ihres*
their	*ihr*	theirs	*ihres*

Beispiele   *Das ist **mein** Fahrrad. Es ist **meines**.*
This is **my** bicycle. It is **mine**.

*Diese Katze gehört Peter. Es ist **seine** Katze.*
This cat belongs to Peter. It's **his** cat.

*Diese Bücher gehören Rita und Daniel. Es sind **ihre** Bücher.*
These books belong to Rita and Daniel. They're **their** books.

> Achtung: its ≠ it's

Beispiele   *Das ist ein Haus. **Sein** Dach ist rot.*
This is a house. **Its** roof is red.

*Dieses Buch gehört Peter. **Es ist** sein Buch.*
This book belongs to Peter. **It's (= It is)** his book.

Demonstrativpronomen/demonstratives PRONOMEN/PRONOUNS

> Die Demonstrativpronomen weisen auf einen Gegenstand oder eine Person hin (to demonstrate = zeigen).

	Einzahl/singular	Mehrzahl/plural
diese/-r/-s	this	these
jene/-r/-s	that	those

Beispiele ***Dieses** Mädchen ist meine Nachbarin.*
This girl is my neighbour.

***Jener** Knabe spielt Fussball.*
That boy plays soccer (football).

There is …/There are …

> Um zu sagen «Es gibt …/Es hat …» verwendest du im Englischen There is …/There are …

> There is … verwendest du, wenn das nachfolgende Nomen im Singular steht. There are …, wenn es im Plural steht.

Beispiele ***Es gibt** eine Pflanze im Schulzimmer.*
There is a plant in the classroom.

***Es hat** Bücher auf dem Tisch.*
There are books on the table.

Reflexivpronomen/reflexive pronouns PRONOMEN/PRONOUNS

> Macht jemand etwas für sich selbst, setzt du (oft) ein Reflexivpronomen.

Personalpronomen	Reflexivpronomen
I	myself
you	yourself (Einzahl/singular)
he	himself
she	herself
it	itself
we	ourselves
you	yourselves (Mehrzahl/plural)
they	themselves

Beispiele *Ich mache **mir** eine Tasse Tee.*
I make **myself** a cup of tea.

*Sie sprechen mit **sich selbst**.*
They are talking to **themselves**.

> Um ein Geschehen zwischen zwei oder mehreren Personen auszudrücken, verwendest du **each other** (einander).

Beispiele *Sie sprechen **miteinander**.*
They are talking to **each other**.

*Meine Schwester und ich kaufen **einander** kleine Geschenke.*
My sister and I buy **each other** little presents.

Lage und Richtung / location and direction

PRÄPOSITIONEN / PREPOSITIONS

in the middle of	*in der Mitte von*
at the back of	*hinter*
behind	*dahinter, hinten, hinter*
in front of	*vor*
next to	*neben*
beside	*neben*
between	*zwischen*
in	*in*
on	*auf*
below	*unter, unterhalb*
under	*darunter, unten, unter*
above	*über*
near	*bei, nahe*
outside	*draussen*
inside	*drinnen*
in the background	*im Hintergrund*
in the foreground	*im Vordergrund*
across	*(hin)über, quer durch*
over	*(hin)über*
opposite	*gegenüber*
against	*(da)gegen*
away from	*weg von*
through	*durch*
along	*entlang*
into	*in ... hinein*
out of	*heraus ... aus*
towards	*entgegen, gegen*

past	*vorbei*
up	*auf*
on top of	*zuoberst*
by	*neben*
(a)round	*(rings)herum*
down	*abwärts, hinunter*

Zeit/time

PRÄPOSITIONEN/PREPOSITIONS

before/*vor*
*Ich mache meine Hausaufgaben immer **vor** dem Abendessen.*
I always do my homework **before** supper.

during/*während*
***Während** des Abendessens sprechen wir über unseren Tag.*
During supper, we talk about our day.

after/*nach*
***Nach** dem Abendessen spielen wir Spiele.*
After supper, we play some games.

at/*in*
***In** der Nacht hat es Eulen im Wald.*
At night, there are owls in the forest.

at/*um*
***Um** drei Uhr gehe ich ins Turnen.*
At three o'clock, I go to the gym.

on/*am*
***Am** Samstag gehen wir einkaufen.*
On Saturday, we go shopping.

until/*bis*
*Wir tanzten **bis** elf Uhr.*
We danced **until** eleven o'clock.

Häufige Präpositionen / common prepositions

about / über
*Ich suche ein Buch **über** Pferde.*
I am looking for a book **about** horses.

as / als
*Meine Schwester braucht ihren Teddybären **als** Kissen.*
My sister uses her teddy bear **as** a pillow.

like / wie
*Dieses Insekt sieht aus **wie** ein Blatt.*
This insect looks **like** a leaf.

by / mit
*Er fährt **mit** dem Zug zur Arbeit.*
He goes to work **by** train.

with / mit
*Isst du deine Spaghetti **mit** Gabel und Löffel?*
Do you eat your spaghetti **with** a fork and spoon?

in / in
*Mein Freund ist der Junge **im** blauen T-shirt.*
My friend is the boy **in** the blue T-shirt.

without / ohne
*Ich sehe nicht sehr gut **ohne** meine Brille.*
I cannot see very well **without** my glasses.

for / für
*Dieses Geschenk ist **für** dich.*
This present is **for** you.

from / von
*Dieses Geschenk ist **von** meiner Schwester.*
This present is **from** my sister.
Woher kommt Ted?
Where is Ted **from**?

because of / wegen
*Wir konnten den Match **wegen** des Regens nicht spielen.*
We could not play the match **because of** the rain.

instead of / (an)statt
*Ich habe Salz **anstatt** Zucker in meinen Tee hineingetan.*
I have put salt **instead of** sugar in my tea.

in spite of / trotz
*Ich ging **trotz** des Regens schwimmen.*
I went swimming **in spite of** the rain.

Kardinalzahlen / cardinal numbers ZAHLEN/NUMBERS

> Kardinalzahlen beantworten die Frage nach «Wie viel ...?» (how many?).

1	one	5	five	9	nine
2	two	6	six	10	ten
3	three	7	seven	11	eleven
4	four	8	eight	12	twelve

> Um die Zahlen von 13 bis 19 zu bilden, nimmst du die Zehner plus den Einer, genau wie im Deutschen. Achtung: Man schreibt **eighteen**, nicht ~~eightteen~~.

13	thirteen	16	sixteen	18	eighteen
14	fourteen	17	seventeen	19	nineteen
15	fifteen				

> Die restlichen Zahlen bis 100 werden in der gleichen Reihenfolge gesprochen, wie sie geschrieben werden. Zusammengesetzte Zahlen werden mit einem **Bindestrich** geschrieben.

20	twenty	24	twenty-four	27	twenty-seven
21	twenty-one	25	twenty-five	28	twenty-eight
22	twenty-two	26	twenty-six	29	twenty-nine
23	twenty-three				

Alle 10er-Zahlen enden auf -ty.

30	thirty	60	sixty	80	eighty
40	forty	70	seventy	90	ninety
50	fifty				

> Bei Zahlen über 100 stellst du das Wörtchen **and** vor die letzte Zahl der Reihe.

100	a/one hundred	225	two hundred **and** twenty-five
200	two hundred	1000	a/one thousand
210	two hundred **and** ten		

Ordinalzahlen / ordinal numbers ZAHLEN/NUMBERS

> Ordinalzahlen beantworten die Frage «Der/die/das wie vielte ...?»
> Wenn die Zahl auf **-y** endet, wird ein **-ieth** angehängt.

1st	the first	8th	the eighth	50th	the fift**ieth**
2nd	the second	9th	the ninth	60th	the sixt**ieth**
3rd	the third	10th	the tenth	70th	the sevent**ieth**
4th	the fourth	20th	the twent**ieth**	80th	the eight**ieth**
5th	the fifth	21st	the twenty-first	90th	the ninet**ieth**
6th	the sixth	30th	the thirt**ieth**	100th	the hundredth
7th	the seventh	40th	the fort**ieth**		

Brüche / fractions

$\frac{1}{2}$ a half; one half
$\frac{1}{3}$ a third; one third
$\frac{1}{4}$ a quarter; one quarter
$\frac{1}{5}$ a fifth; one fifth
$\frac{3}{4}$ three quarters
$\frac{7}{8}$ seven eights

Uhrzeit/time   ZEIT, DATUM/TIME, DATE

> **o'clock** sagt man nur bei vollen Stunden.

> **minutes** sagt man nur bei den Minuten zwischen den Fünf-Minuten-Abständen.

> Wenn man im Deutschen «halb fünf» sagt, heisst es auf Englisch **half past four** (halb [Stunde] nach vier).

> Bis um halb (16.30 Uhr) sagt man **past,** danach sagt man **to**.

> **a.m.** benutzt man von Mitternacht bis Mittag. Ab Mittag bis Mitternacht verwendest du **p.m.** (Eselsbrücke: a.m. = am Morgen)
> Amerikaner verwenden bevorzugt a.m./p.m.

Beispiele	Englisch	Amerikanisch
08:00	eight o'clock in the morning	eight a.m.
20:00	eight o'clock in the evening	eight p.m.
08:03	three minutes past eight	eight oh three
08:05	five past eight	eight oh five
08:15	(a) quarter past eight	eight fifteen
08:25	twenty-five past eight	eight twenty-five
08:30	half past eight	eight thirty
08:35	twenty-five to nine	eight thirty-five
09:45	(a) quarter to ten	nine fourty-five
12:00	twelve o'clock/midday/noon	twelve a.m.
00:00	midnight	twelve p.m.

Tageszeiten / time of day

> Im Englischen gibt es genau die gleichen Tageszeiten wie im Deutschen. Sie werden im Englischen jedoch kleingeschrieben.

Morgen	morning
Mittag	noon / midday / twelve o'clock
Nachmittag	afternoon
Abend	evening
Nacht	night
Mitternacht	midnight

Beispiele

Die Schule beginnt früh am Morgen.
School starts early in the morning.

Ich treffe meine Freunde am Nachmittag.
I meet my friends in the afternoon.

Wir schauen am Abend fern.
We watch TV in the evening.

Wochentage / days of the week

ZEIT, DATUM / TIME, DATE

> Sie werden grossgeschrieben.

Montag	Monday
Dienstag	Tuesday
Mittwoch	Wednesday
Donnerstag	Thursday
Freitag	Friday
Samstag	Saturday
Sonntag	Sunday

Monate, Jahreszeiten / months, seasons

winter *(Winter)*	December
	January
	February
spring *(Frühling)*	March
	April
	May
summer *(Sommer)*	June
	July
	August
autumn/fall *(Herbst)*	September
	October
	November

Datum/date

> Um einen bestimmten Tag zu bezeichnen, benutzt du die Ordinalzahlen.

Daten schreiben: Daten sagen:

20 August
20th August   the twentieth of August

20.8.2008
20/08/2008   the twentieth of August two thousand and eight

August 20   August the twentieth
August 20th   August twentieth

Amerikanisch
8/20/2008
8.20.2008   August twentieth two thousand and eight

Mengenangaben/quantities

Es gibt Zählbares und Unzählbares.

Beispiel   Zählbar: 1 Franken, 100 Franken
            Unzählbar: Geld (1 Geld, 100 Geld gibt es nicht!)

Für Zählbares verwendest du

wenige   few
einige/ein paar   a few/some
viele   a lot of/lots of/many
keine   no/not ... any

Beispiel   *Nicht **viele** Kinder haben Schlangen als Haustiere.*
            Not **many** children have snakes as pets.

Für Unzählbares verwendest du

wenig   little
etwas/ein wenig   a bit of/a little/some
viel   a lot of/ lots of / much
kein/keine   no/not ... any

Beispiel   *Ich habe nicht **viel** Geld übrig.*
            I do not have **much** money left.

some, any, every, no

Some und **any** sind unbestimmte Mengenangaben.
Die Beispielsätze zeigen, dass deren Verwendung sehr vielfältig ist.

Bejahender Aussagesatz

> In einem bejahenden Aussagesatz brauchst du **some**.

Beispiel *Ich nehme **etwas** Milch in meinen Tee.*
I take **some** milk in my tea.

Verneinender Aussagesatz

> In einem verneinenden Aussagesatz brauchst du **not ... any**.

Beispiel *Ich nehme **keine** Milch.*
I **don't** take **any** milk.

Fragesatz 1

> Wenn du etwas anbietest oder um etwas bittest, verwendest du **some**.

Beispiel *Möchtest du **(einige)** Kartoffeln?*
Would you like **some** potatoes?

Fragesatz 2

> Wenn du eine Frage stellst, weil du die Antwort als Information brauchst, verwendest du **any**.

Beispiel *Haben Sie **(irgendwelche)** Informationen über unsere Schule?*
Do you have **any** information about our school?

*Kennst du **jemanden** von den Leuten hier?*
Do you know **any** of the people here?

somebody/someone	*jemand*
something	*etwas*
somewhere	*irgendwo*
anybody/anyone	*(irgend)jemand/wer auch immer*
anything	*(irgend)etwas/was auch immer*
anywhere	*irgendwo/wo auch immer*
not ... anybody/anyone	*niemand*
not ... anything	*nichts*
not ... anywhere	*nirgends/nirgendwo*

> **Every und no verwendest du grundsätzlich gleich wie some und any.**

everybody/everyone	*jedermann/jeder/jede*
everything	*alles*
everywhere	*überall*
nobody/no one	*niemand*
nothing	*nichts*
nowhere	*nirgendwo/nirgends*

Ausserdem gut zu wissen/nice to know too

Ich mag – ich hätte gerne/I like – I'd like

Manchmal sind es nur Kleinigkeiten, die in der Sprache grosse Unterschiede bewirken.
Was ist in den beiden Sätzen grammatikalisch verschieden?

Beispiele   *Ich **mag** Erdbeeren.*   *Ich **hätte** gerne Erdbeeren.*
            I **like** strawberries.   I'**d** **like** strawberries.

> I **like** strawberries:
> Mit **like** zeigen wir, dass wir Erdbeeren mögen.

> I'**d like** strawberries oder I **would like** strawberries:
> Mit **would like** drücken wir einen Wunsch oder eine Bitte aus.

Dass = that

> In der deutschen Sprache steht zwischen dem Hauptsatz und dem Nebensatz ein Komma. Das ist im Englischen nicht der Fall. Das Komma wird weggelassen.

Beispiele   *Wir wussten nicht, **dass** wir eingeladen waren.*
            We did not know **that** we were invited.

            *Ich denke, **dass** ihr das Spiel gewinnen werdet.*
            I think **that** you are going to win the match.

Schlagwortverzeichnis

DEUTSCH

Adjektive	adjectives	26
Adverbien	adverbs	29
Antworten	answers	36
Artikel	article	23
Aufforderungen	orders	37
Ausserdem gut zu wissen	nice to know too	58
Befehle	orders	37
Bestimmter Artikel	definite article	23
Brüche	fractions	50
Datum	date	54
Demonstrativpronomen	demonstratives	41
Eigennamen	proper names	22
Einfache Sätze	regular (positive) sentences	30
Einzahl	singular	24
Erweiterte Sätze	compound sentences	31
Es gibt … / Es hat …	There is … / There are …	41
Fragen	questions	33
Fragewörter	question words	35
Futur	future	20
Geläufige Adverbien	familiar adverbs	29
Geschlecht	gender	23
Going to	Going to	21

Haben	to have	12
Häufige Präpositionen	common prepositions	46
Hilfsverben, Modalverben	auxiliary verbs, modal verbs	34
Jahreszeiten	seasons	53
Kardinalzahlen	cardinal numbers	48
Klassenzimmersprache	classroom language	8
Kurzformen	contracted forms	13
Lage und Richtung (Präpositionen)	location and direction (prepositions)	43
Mengenangaben	quantities	55
Modalverben, Hilfsverben	modal verbs, auxiliary verbs	34
Monate	months	53
Nomen	nouns	22
Nomen mit -y	nouns with -y	24
Objekt	object	30
Ordinalzahlen	ordinal numbers	50
Ortsangabe	indication of place	31
Personalpronomen	personal pronouns	38
Position des Adjektivs im Satz	position of adjectives	26
Possessivpronomen	possessive pronouns	40
Präpositionen	prepositions	43
Präsens (-ing-Form)	present continuous	15
Präsens: Endung auf -y	present simple of verbs with -y	11

Präsens	present simple	10
Präteritum	past simple	16
Pronomen	pronouns	38
Reflexivpronomen	reflexive pronouns	42
Satzstruktur	sentence structure	30
Sein	to be	12
Spezielle Adjektive	special adjectives	27
Subjekt	subject	30
Tageszeiten	time of day	52
Uhrzeit	time	51
Unbestimmter Artikel	indefinite article	23
Unregelmässige Pluralformen	irregular plural forms	25
Unregelmässige Verben	irregulars verbs	12/17
Unregelmässige Vergleichsformen	irregular forms	28
Verben	verbs	10
Vergleichsformen	comparisons	27
Verneinende Sätze	negative sentences	32
Verneinung	negation	13
Futur	futur	20
Wochentage	days of the week	53
Zahlen	numbers	48
Zeitangabe	indication of time	31
Zeit	time	45

Catchword index

adjectives	*Adjektive*	*26*
adverbs	*Adverbien*	*29*
answers	*Antworten*	*36*
article	*Artikel*	*23*
auxiliary verbs, modal verbs	*Hilfsverben, Modalverben*	*34*
cardinal numbers	*Kardinalzahlen*	*48*
classroom language	*Klassenzimmersprache*	*8*
common prepositions	*Häufige Präpositionen*	*46*
comparisons	*Vergleichsformen*	*27*
compound sentences	*Erweiterte Sätze*	*31*
contracted forms	*Kurzformen*	*13*
date	*Datum*	*54*
days of the week	*Wochentage*	*53*
definite article	*Bestimmter Artikel*	*23*
demonstratives	*Demonstrativpronomen*	*41*
familiar adverbs	*Geläufige Adverbien*	*29*
fractions	*Brüche*	*50*
gender	*Geschlecht*	*23*
Going to	*Going to*	*21*
indefinite articles	*Unbestimmter Artikel*	*23*
indication of place	*Ortsangabe*	*31*
indication of time	*Zeitangabe*	*31*

irregular forms	*Unregelmässige Vergleichsformen*	*28*
irregular plural forms	*Unregelmässige Pluralformen*	*25*
irregulars verbs	*Unregelmässige Verben*	*12/17*
location and direction (prepositions)	*Lage und Richtung (Präpositionen)*	*43*
modal verbs, auxiliary verbs	*Modalverben, Hilfsverben*	*34*
months	*Monate*	*53*
negation	*Verneinung*	*13*
negative sentences	*Verneinende Sätze*	*32*
nice to know too	*Ausserdem gut zu wissen*	*58*
nouns	*Nomen*	*22*
nouns with -y	*Nomen mit -y*	*24*
numbers	*Zahlen*	*48*
object	*Objekt*	*30*
orders	*Aufforderungen, Befehle*	*37*
ordinal numbers	*Ordinalzahlen*	*50*
past simple	*Präteritum*	*16*
personal pronouns	*Personalpronomen*	*38*
position of adjectives	*Position des Adjektivs im Satz*	*26*
possessive pronouns	*Possessivpronomen*	*40*
prepositions	*Präpositionen*	*43*
present continuous	*Präsens (-ing-Form)*	*15*
present simple	*Präsens*	*10*
present simple of verbs with -y	*Präsens: Endung auf -y*	*11*

pronouns	*Pronomen*	*38*
proper names	*Eigennamen*	*22*
quantities	*Mengenangaben*	*55*
question words	*Fragewörter*	*35*
questions	*Fragen*	*33*
reflexive pronouns	*Reflexivpronomen*	*42*
regular (positive) sentences	*Einfache Sätze*	*30*
seasons	*Jahreszeiten*	*53*
sentence structure	*Satzstruktur*	*30*
singular	*Einzahl*	*24*
special adjectives	*Spezielle Adjektive*	*27*
subject	*Subjekt*	*30*
There is .../There are ...	*Es gibt .../Es hat ...*	*41*
time	*Uhrzeit*	*51*
time	*Zeit*	*45*
time of day	*Tageszeiten*	*52*
to be	*Sein*	*12*
to have	*Haben*	*12*
verbs	*Verben*	*10*
future	*Futur*	*20*